¿DÓNDE VIVO?

EL TIGRE

Montse Ganges
Jordi Sales

www.combeleditorial.com

¿HAY ALGUIEN AHÍ?

¿Hay alguien ahí?

2

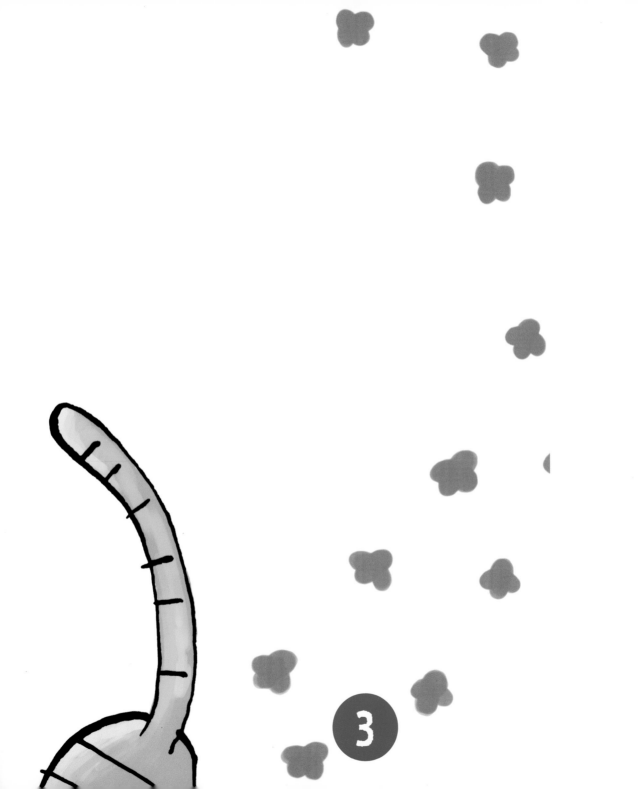

¡SÍ! ¡ES EL TIGRE!
PERO ¿DÓNDE VIVE EL TIGRE?

¡Sí! ¡Es el tigre!
Pero ¿dónde vive el tigre?

4

5

¿EL TIGRE VIVE EN LA TIENDA DE JUGUETES?
¡NO, NOOOOOO!
QUE CREERÍAN QUE ES UN PELUCHE
Y SE LO QUERRÍAN LLEVAR A CASA.

¿El tigre vive en la tienda de juguetes?
¡No, noooooo!
Que creerían que es un peluche
y se lo querrían llevar a casa.

6

7

¿EL TIGRE VIVE EN LA CARNICERÍA?
¡NO, NOOOOOO!
QUE SE LO QUERRÍA COMER TODO
Y EL CARNICERO NO TENDRÍA
CARNE PARA VENDER.

¿El tigre vive en la carnicería?
¡No, nooooooo!
Que se lo querría comer todo
y el carnicero no tendría
carne para vender.

8

9

¿EL TIGRE VIVE EN LA BIBLIOTECA?
¡NO, NOOOOOO!
QUE NO SABE LEER NI ESTARSE
QUIETO Y EN SILENCIO.

¿El tigre vive en la biblioteca?
¡No, noooooo!
Que no sabe leer ni estarse
quieto y en silencio.

11

¿EL TIGRE VIVE EN LA AZOTEA?
¡NO, NOOOOOO!
QUE SE QUERRÍA PASEAR CON
LOS GATOS Y ASUSTARÍA A LOS VECINOS.

¿El tigre vive en la azotea?
¡No, noooooo!
Que se querría pasear con
los gatos y asustaría a los vecinos.

¿EL TIGRE VIVE EN LA GRANJA?
¡NO, NOOOOOO!
QUE SE COMERÍA LAS GALLINAS
Y CON LOS HUEVOS
SE HARÍA UNA TORTILLA.

¿El tigre vive en la granja?
¡No, noooooo!
Que se comería las gallinas
y con los huevos se haría una tortilla.

¿EL TIGRE VIVE EN EL MAR?
¡NO, NOOOOOO!
QUE SE PELEARÍA CON LOS TIBURONES
POR VER QUIÉN TIENE
LOS COLMILLOS MÁS LARGOS.

¿El tigre vive en el mar?
¡No, nooooooo!
Que se pelearía con los tiburones
por ver quién tiene
los colmillos más largos.

17

¿EL TIGRE VIVE EN LA SELVA?
¡SÍ, SÍÍÍÍÍÍ!
EN LA SELVA DE ASIA, DONDE LE GUSTA
PASEARSE, CAZAR Y BUSCAR PAREJA.

¿El tigre vive en la selva?
¡Sí, síííííí!
En la selva de Asia, donde le gusta
pasearse, cazar y buscar pareja.

SOY UN TIGRE DE BENGALA, Y MI ESPECIE ESTÁ EN PELIGRO DE EXTINCIÓN, LO QUE SIGNIFICA QUE QUEDAMOS MUY POCOS. SOY EL FELINO MÁS GRANDE DEL MUNDO, Y DE UN SOLO ZARPAZO PUEDO MATAR UN CIERVO O UN BÚFALO ACUÁTICO PARA COMÉRMELOS.

ME GUSTA VIVIR SOLO, Y EN MI TERRITORIO NO DEJO ENTRAR A NADIE, TAN SOLO ALGUNA HEMBRA PARA REPRODUCIRME. ELLA CUIDA LAS CRÍAS HASTA QUE SE HACEN ADULTAS.

CADA EJEMPLAR DE TIGRE ES
ÚNICO. ¿VEIS ESTAS RAYAS
OSCURAS QUE TENGO EN LA PIEL?
¡NO HAY NINGÚN OTRO TIGRE QUE
LAS TENGA IGUALES!
SI YO DESAPARECIERA, NUNCA
MÁS VOLVERÍAIS A VERLAS.

DOS CACHORROS DE TIGRE

TIGRE BLANCO

¡HASTA PRONTO!
¡OS ESPERO EN LA SELVA ASIÁTICA!

¡Hasta pronto!
¡Os espero en la selva asiática!